JN436324

詩人選 46

| 정헌영 세 번째 시집 |

의 곁으로

청어

너의 곁으로

정헌영 지음

발행처 · 도서출판 **청어**
발행인 · 이영철
기 획 · 강보임 | 김홍순
영 업 · 이동호
편 집 · 김영신 | 김인현
디자인 · 오주연
제작부장 · 공병한
인 쇄 · 두리터

등 록 · 1999년 5월 3일(제22-1541호)

1판 1쇄 인쇄 · 2009년 3월 20일
1판 1쇄 발행 · 2009년 3월 30일

주소 · 서울시 서초구 서초동 1588-1 신성빌딩 A동 412호
대표전화 · 586-0477
팩시밀리 · 586-0478

블로그 · http://blog.naver.com/ppi20
E-mail · ppi20@hanmail.net
ISBN · 978-89-93563-19-1 (03810)

이 책의 저작권은 도서출판 청어와 저자에게 있습니다.
양측의 서면 동의 없는 무단 전재 및 복제를 금합니다.

너의 곁으로

| 시인의 말 |

세 번째 시집을 내면서

풀꽃 피고 시냇물 졸졸 흐르는 그곳
뒤뜰에는 개나리가 흐드러지게 피고,
앞뜰엔 사계절 번갈아 쉴 새 없이
매화 봉선화 함박꽃 백일홍 국화꽃이 피어 있는,
밤이면 별 따라 가고,
낮이면 푸른 산과 들 헤집고 다니며
꿈을 키우던 그곳,
어릴 적 내 고향이다.

지금은 현대화 물결에 옛 모습 찾아볼 수 없지만
마음속에 남아 있는 고향은
어머니 품처럼 따스한 그때 그 모습 그대로다.
나는 그런 고향을 사랑한다.

고향 떠나 먼 타향에서 삶을 지피며
황급히 걸어온 인생행로마다 흙탕물로 젖었지만
지금 생각하면 그때가 좋고 행복했다.
아름다운 추억이 있고 그리운 고향이 있기에
나는 오늘도 그때 그 꿈을 하나씩 꺼내
푸른 시를 쓴다.

올해는 아버지 탄생 100주년으로
세상 떠나신 지 어언 23년이 지났지만
가슴속에는 늘 미소년처럼 청순하고 고귀한 인품과
인자한 사랑이 넘치는, 육남매의 버팀목이시던
그 아버지를 그리며,

탄생 100주년을 함께 축하할 수 없음을 서글퍼하며
그리운 아버지 영전에 이 시집을 바친다.

세월의 어느 길목에서
정헌영

c·o·n·t·e·n·t·s

1

머물 수 없는 이정표

2

그리움만 남기고

3
그대와 나

4
아름다운 우리 가족

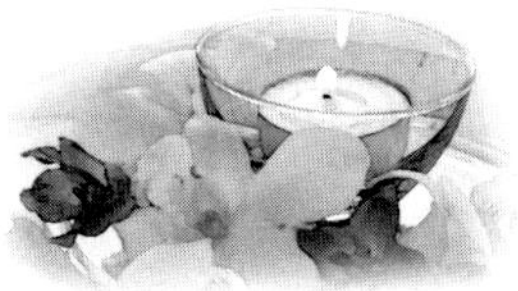

너의 곁으로

1
머물 수 없는 이정표

삶의 역경과 아픈 상처들
오늘의 햇살에 용기 얻어
어두운 그림자 지워
고운매 되어
머물 수 없는 이정표에
진한 정열로
아름다운 꽃 무리 되리라

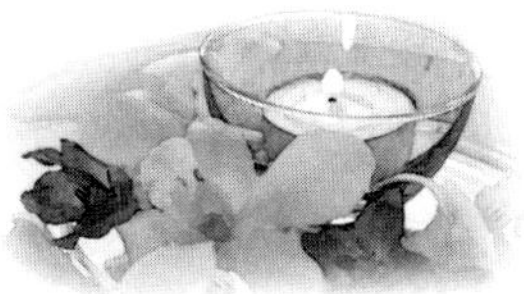

너의 곁으로

봄의 환상(幻想)

버들피리 닐리리
고향 뜰 냇가 아지랑이 가들대면
꽃다지 캐던 그 소녀의 환상에 젖는다

복사꽃 고운 얼굴
목련꽃 하얀 젖가슴 헤치면
소녀의 순결한 아름다운 환영이
수줍은 꽃망울로 피어올라
그리움으로 가득 차는데

지금도 어느 하늘 아래서
연분홍 꽃향기 그윽이 풍기는
그때 그 모습이 가물 가물대는
첫사랑의 연가여

이 봄에는 어디선가
꼭 한번 만나보고 싶다 그 소녀를

봄바람 불면

냉이 달래 캐는 소녀야
뒷동산 산수유 널 붙들고
노랗게 토해내면
뫼 잔등 할미꽃 넋두리 모아
못다 한 사랑 이야기 꽃피우며
봄날은 간다

봄바람에 숨긴 사랑
옷깃 파고들어 사르르 눈 감고
알콩달콩한 사랑 내려놓으면
이팔청춘 설레는 가슴은
알알이 불붙는데

바람아 말해보렴
향긋한 봄 내음 풍기는
젊음이 머무는 그곳을

봄바람에 맺은 사랑
갈바람에 열매 간댕거리며
또 다른 봄을 잉태한다

어느 여름날

한여름 열기가 용광로처럼 뜨거운데
땀방울 식혀줄 시원한 곳은 없을까
푸른 강 넘실대는 바다
높은 산 깊은 계곡

푸른 숲속은 어떨까
파란 이파리 사이로 스민 햇살이
너울거리는 산 너울 속으로
숲속의 바람이 영혼까지 식혀주는
녹색의 그 숲속으로

사위에 초근한 풀 향기가
폐부로 스며드는 곳
여치 매미 다람쥐가 노니는
꽃뱀이 징그럽게 노려보는 흙 내음 그윽한
그곳에서 파란 마음이 되어볼까

불볕더위 넋두리를 듣지 않아도 좋은
푸른 숲속에서 자맥질하며
한여름 상큼함을 마냥 즐겨보자

여름의 끝자락에서

연일 불볕더위 쏟아 붓더니
아침저녁 소슬바람이
청잣빛 하늘을 물들여 놓고
풀잎에 이슬 사뿐히 내려앉아
영롱한 빛으로 누리를 밝힌다

여름의 열기에 가려 보이지 않던
강 건너 저편 거풀거리는 임 계신 곳
건들바람에 천리안 되어 가까이 와 있는 임에게
떨리는 가슴으로 다가선다

여름이 머문 자리엔 검게 그은 얼굴만 남아
가을이 오는 소리
사과가 익어가는 소리
사랑이 오는 소리에 촉각 세워
가을 그날을 그리며
봇물처럼 터지는 단풍 소식에 탄성을 지른다

가을을 붙들고

가을아 내 가슴으로 뜨겁게 오라
만추에 걸맞게 곱디고운 너
아직도 내 가슴 한 켠엔
어두운 그림자가 머문단다

산골짜기 붉게 물든 단풍이
가슴을 활활 태우지 못하면
어찌 아름답다 하랴
산과 들 알알이 익어가는 열매가
마음속 텅 빈 곳간 메우지 못하면
어찌 이 가을이 풍요롭다고 하겠는가

붉게 익어가는 가을아
너의 고운 빛 엷어지기 전
그늘진 우리 임 마음 달래주고
언제나 환한 미소를 주려무나

가지 마라 가을아
가더라도 느지막하게 가주렴
네가 서둘러 떠나면
하얀 서릿발이 낙엽을 울리고
우리 임 고운 눈가에 이슬이 맺힌단다

낙엽을 밟으며

어쩌란 말이냐
떨어지는 단풍을
노란 은행잎에 눈물 훔칠 수밖에

새롱거리며 파랗게 살 것만 같던 너
어느 날 찬 서리에 주눅이 들어
폭삭 주저앉으니
세월을 너무 믿었던 것은 아닌가

갈잎 따라 걸어가는 길손
시름 내려놓고
사르르 눈 감아 상념에 잠기는데

가랑잎 날리는 소리에
깜짝 놀라 앞을 보니
게으른 황혼녘 햇살에 당황하여
할 말을 잃었다
답답한 가슴만 어루만지며

가을 언저리에

시월의 고운 단풍
11월 접어 앙상한 가지로 남아
게접스러움이 우릴 슬프게 한다

어젯밤 찬비에 젖은 이파리 서너 개
고드름 되어 대롱대롱 떨고 있어도
녹여줄 사람은 아무도 없구나

거리마다 가득 쌓인 낙엽
간댕거리는 가을을 붙들고
시린 가슴 파고드는 서릿바람은
갈 새들 보금자리로 숨어든다

어느새 나뭇가지마다 찬 이슬로
못다 한 이야기 주렁주렁 매달아 놓고
등 떠밀려 떠나는 갈대밭에
하얀 무서리가 겨울 철새를 부른다

어느 단풍의 마음

내 고운 이파리 떨어져
어디로 가나
바람에 정처 없이 떠돌다
어느 예쁜 여인 마음 부추겨
책갈피에 끼어 있다가
살포시 웃음 머금고
무로 익은 딸기 빛 입술로
그녀 마음 어루만지며
무료한 날을 달래줄까

태백의 가을

별빛에 이끌려간 태백산맥
첩첩산중엔 하늘만 뻥 뚫리고
탄광촌 애환이 굽이굽이 서리는데
카지노가 산정(山頂)의 밤을 밝힌다

민둥산 억새꽃 춤사위도
태백산에 걸린 외로운 달도
시인의 마음 붙들고
만추의 가을을 노래하란다

타들어가는 태백의 가을을

어느 굴참나무의 슬픈 미소

어제도 가고 오늘도 걷는
산 비탈길
오가는 사람들 숨소리도 가쁘다

그 길 한가운데 우뚝 솟은 굴참나무
나뭇가지 활짝 펴 늠름히 서 있지만
사람들 발길에 밟히고 또 밟히어
노출된 뿌리는 온통 반질반질
수액조차 말라 그 아픔 참느라
오늘도 기력을 잃어간다

누가 그곳에 길을 냈을까
조금만 비켜 가면 될 것을
언제까지 볼 수 있으려나
가엾은 굴참나무
고목이 되는 날 인간의 비정에
울분을 토하겠지

겨울 속으로

냉랭한 바람에 너무 작아진 마음
누가 내 마음 녹여줄까
재 너머 양지 뜰 그녀가 그립다
그녀의 따뜻한 품이면
꽁꽁 언 마음 녹일 수 있을 텐데

넉넉한 햇살 즐기는 봄여름 가을
그녀의 겨울은 유난히도 아리어
칼바람 불면 살갗 숨 쉬며
마음의 문을 굳게 닫아버린다

겨울 증후군이 심한 그녀
마음의 문은 언제나 열려나
눈 속에 핀 매화 그윽한 향기가
시린 바람에 실려 사방에 흩어지는데
매운바람 잠들 때까지
다소곳이 기다릴 수밖에

소소리바람 불어
사랑의 기운 돋아나면
그녀의 가슴도 활짝 열리겠지

12월의 마지막 밤에

칠흑 같은 12월의 마지막 밤
헛것에 가위눌렸던 외로운 서러움
모두 어둠에 묻고 별빛 따라 무작정 걷는다

가다가 돌부리에 채어 넘어지면
세상의 모든 아픔 눈물로 쏟아내고
가다가 깊은 수렁에 빠지면
세상의 모든 더러움 훌훌 씻어버린다

어느 해보다 왜소했던 내 몰골
자랑할 것도 아무것도 없는
한 해의 마지막 밤을 모두 태워버리고
목까지 차오른 한숨을 토해낸다

석별의 아쉬움만 남기고 떠나는
12월의 마지막 밤이여
이 밤이 가면 태양은 또다시 떠오르겠지만
오랜 시간 일기장에 눈물로 썼던 마지막 글씨가
얼룩지지 않게 슬쩍 비켜가기를

무자년 마지막 밤을

당신의 마음에서

갈대숲의 풀잎 햇살과 속삭이고
바람은 무거운 먼지 날려
신선한 공기로 가득 채우는데
앙가슴에 쌓이고 쌓인 한숨은
무엇으로 날려 보내나

냉랭한 공기는 구름 밀어 파란 하늘을
햇살은 음지를 찾아 밝은 미소 뿌리는데
세상 어두운 그림자는 무엇으로 지우나

인생 여울목에서
정의와 진실을 외면한 채 걸어온 외길이
이렇게 힘들고 고단할 줄이야
내 생애 살가운 신선함을 어디서 찾아보나
당신의 마음에서

해는 서산으로 기우는데

삶의 가파른 오름길

간다 간다 나는 간다
눈길 따라 나는 간다
가는 길은 하얀 길
오는 길은 진흙탕 길

사노라면
좋은 길 험한 길도 있겠지만
꽁꽁 언 마음의 길을
어떻게 헤쳐간담
지루한 삶의 흔적이
너무나 깊었나 보다

긴 인고의 세월에 터득한
경험과 열정 다해
희망의 꽃길을 만들리라
삶의 가파른 오름길을
새하얀 비단길로 만들리라

뜨겁게 보내주마

돌이킬 수 없다면 어쩔 수 없지
이미 마음 떠난 너를 붙잡은들
무슨 소용 있으랴

뜨겁게 달군 사랑일랑
한 점 남김없이 살라버리고
듬뿍 준 정일랑
맑은 물로 씻어버려라

이별 후의 만남이 무슨 소용 있으랴
떠나버린 후회가 물밀듯 밀려오거든
식어버린 사랑을 하얗게 잠재우라
그리고 모두 잊어버리자

좋은 추억 뒷모습만 남겨놓고
뜨겁게 보내주마
너를

그리움의 애가(哀歌)

몹시 네가 그리워 전화를 건다
물론 네가 받지 않을 것이라는 것을
잘 알면서도

너의 가슴에 더덕더덕 매달린 응어리가
전화기 메모리칩에 쌓여가고
너를 부르는 애절한 목소리가
무언의 대답으로 부풀어
침묵으로 흐르면

그때쯤이면
너도 조금씩
마음의 문을 열고 전화하겠지
몹시 너도 그리워했을 테니까

너의 밝은 모습 보고 싶은데

추레한 모습 멀리하고
고운 너의 모습 보고픈 마음이
눈송이처럼 피어오르면
그리움은 강으로 흘러 일렁인다

늘 하얀 꽃으로 피어
천 년을 보고픈 마음인데
열 길 물속에서 퍼 올린
두레박 속에 비친 너의 얼굴은
어둡기만 하다

홀로 맞서야 했던 삶의 발길이
그렇게도 무겁단 말인가
난 어쩌란 말이냐

세월을 거슬러 올라가

휘감고 돌아온 세월
한 겹 두 겹 벗기면
그때 그 사람 미소가 물결처럼 흐른다

사랑 하나로 그대 곁을 맴돌던 시절
식지 않은 그리움이 가슴 한 켠에
똬리 틀고 앉아 꺽꺽 울고 있는데
해후의 그날은 언제쯤일까

들국화 향기 짙게 풍기면
희뿌연 안개 너머로
실루엣처럼 나타나는 그대
기쁜 마음으로 달려가지만
세월의 강은 너무 깊고 푸르다

나도 연어처럼
거꾸로 거슬러 올라갈 수 있다면
추억의 길목에 매어놓은 세월 붙들고
그대 곁에 못다 한 사랑 풀어놓고 싶다

어느덧 세월 흘러

엊그제만 해도 힘차게 걷던 길
어느 날 갑자기 발길 무디어
뒷짐 지고 팔자걸음만 걷는다

한 살 더 먹기를 손꼽아 기다리던
철없던 시절 소박한 꿈은
어느새 백로 되어
훌쩍 지나는 하루해를 붙들고
목쉰 넋두리만 늘어놓는다

앙상한 가지에 움트고 꽃 피어
푸른 이파리 갈색으로 물들어가는
시간 속 여행은 여전한데

겁 없이 달려온 삶의 끝자락이
지척에 도사리고 있음에 깜짝 놀라
짧은 원망 긴 한숨으로
안간힘 다해 세월을 붙든다

아직 할 일은 많은데

나를 건너고 싶다

파란 하늘 구름 한 조각 붙들고
옹이진 나이테를 하소연해보지만
하느님도 뾰족한 묘책이 없나 보다

힘겹게 오른 산 정상에서 사위를 보니
황량한 사막의 모래바람이 거칠게 불고
저녁노을 산 그림자가 어둠을 불러
혹독한 외로움이 서글펐던 날

한때는 아름다운 꽃으로
주름 없는 하루가 따뜻했는데
어느새 행복한 눈물 한번 흘러보지도 못하고
고개 숙인 꽃잎으로 힘을 빼놓는다

세월을 붙들 수는 없는 건지
긴 세월에 삭아버린 나이를 버릴 수는 없는지
너울진 산자락에 세월만 낚는다

모두 잊으며 나를 건너고 싶다
오늘 하루만이라도 마음 편히
세월의 중압감에서 벗어나고 싶다

이 밤을 붙들고

모두 잠든 이 밤
시계소리만 똑딱똑딱
적막을 깨고

시린 몸 잠 못 이뤄 뒤척이며
부질없는 생각에 꼬리를 물고
고독을 태운다

창가에 스치는 바람에
그대를 그렸다가 지우기를 수백 번
빈 가슴 가득 채운 애틋한 사랑은
천년 성을 쌓는데

이 밤 지나고 나면
숱한 잔별은 사라지고
고독의 여진이 몸부림칠 때쯤
새벽을 여는 수탉울음에
동창이 시 붉다

계절 속으로

봄은
꽃바람에 취해 얼굴 붉히며
싱그런 미소 띠고

여름은
작열하는 태양 푸른 우산으로 가리고
환한 웃음 짓는다

가을은
울긋불긋 물들어 파란 하늘가에
청량한 웃음 걸어놓고

겨울은
새하얀 눈으로 시커먼 가슴 덮고
순박한 웃음 짓는다

바다 건너 산 넘어 밀려오는
봄여름 가을 겨울
사랑과 미움 흩트려놓고
황토밭 터전에 밝은 빛을 쏘아댄다

마지막 남은 내가 가는 길

내가 가는 이 길 고난의 길
땀방울로 젖은 발자국마다 눈물 서렸네

청춘의 푸른 날개 펴 창공을 날며
허기진 배 움켜쥐고
푸른 산 깊은 계곡 헤집으며
눈물 한숨 외로움으로
발가벗은 고목에 서리꽃을 피웠다

긴 침묵 속에 오직 한 길로 달려온 인생
자랑할 것도 미련 둘 것도 없지만
마지막 당신과 함께 걸어가야 할 길을
푹푹 썩은 손길로 가로막으니
곱게 핀 백합꽃이 시들지 않을까 가슴 졸인다

감당하기 너무 벅찬 험한 이 길에서
맞서야 할 내 운명이여
내 작은 소망일랑 꺾지 말고
어두운 삶의 그림자를 지워주기를

머물 수 없는 이정표

해는 어제처럼 떠오르지만
햇빛은 어제의 빛이 아니고
꽃은 나무에서 곱게 피지만
날마다 싱싱한 모습으로 피어난다

시냇물은 쉴 새 없이 흘러도
물방울은 어제의 물방울이 아니고
겨울바람 눈보라 매서워도
봄바람 꽃향기에 꼬리를 감춘다

삶의 역경과 아픈 상처들
오늘의 햇살에 용기 얻어
어두운 그림자 지워 고운매* 되어
머물 수 없는 이정표에 진한 정열로
아름다운 꽃 무리 되리라

(고운매 : 아름다운 맵시나 모양)

그날을 기다리며

기쁨도 슬픔도 안고 걸어가는 길
고달프거나 지쳐도 머물 수 없는 길
그 길의 끝은 얼마나 될까

통곡의 계절 아픈 생채기를
비바람에 시달리고 격랑에 휩쓸려도
오직 하나 찬란한 햇빛 쨍하고
비추리라는 기대 하나로
슬픔을 묻고 지혜를 모아 등불을 켠다

그날이 언제일지는 몰라도
그날이 오면
우리 가슴에 하얀 목련꽃 피워
늘 외면했던 기쁜 눈물 흠뻑 뿌리며
얼싸안고 춤을 추리라

그날이 빠르면 빠를수록 좋은데

황소가 장가가던 날

황소가 고삐 잡혀 장가가던 날
가는 길 어디쯤에서
고삐 풀고 무거운 짐 벗어던지며
희희낙락 걸어가다

능소화 피어 있는 마을 어귀에서
아담한 암소 만나 정염을 불태우다
너무 황홀해 풀밭으로 뛰어들어
껑충껑충 뛰며 히히 웃는다

늘 울안에 갇혀 있다 오늘만은
주인의 잔소리 듣지 않아 좋고
옆 황소의 시린 눈총 받지 않아 좋은
세상에 부러울 것 없는
사랑과 행복으로 가득한
축복받은 날이다

아, 오늘 같은 날이 많았으면

2

그리움만 남기고

간약한 초승달은
가슴 채우지 못한 채
그대로 기울어
울음 토해내는 대금 소리에
젖는 눈물은
외로움이더라

너의 곁으로

저 산 저 고갯마루

굽이진 고갯마루
어이 넘어간담

바람에 흘러간 세월
선인들이 무수히 넘나들던 고갯길
왜 망설이고 있을까

백일홍 예쁜 꽃도 때가 되면 시들고
육백 년 푸른 솔도 쓰러져 나부끼는데

옹이진 두꺼운 나이테 두르고 앉아
입버릇처럼 무엇을 걱정하나

황소처럼 힘차게
쉼 없이 걸어가자
저 산 저 고갯마루를

마음으로 가는 길

내 갈 길이 이 길이 아닌데
자꾸만 이 길로 갈까
누가 기다린다고
누가 반겨준다고

잠재된 욕망의 탈출
사랑의 갈구
일상의 일탈에서
마법이 걸렸나 보다

나는 오늘도 좌표를 잃고
해들거린다
아서라
회오리바람 불어
더 큰 후회로 남기 전에
내 좌표를 확실히 정해야지

풀꽃이 전하는 말

한 떨기 풀꽃을 피우기 위해
물불 가리지 않고 인내로
사계절 넘나들며 태운 열정을
그 누가 알랴

평소 고운 눈길 한번 받지도 못하고
피었다 지는 꽃이지만
어느 곳 가리지 않고 피어 세상 밝히니
온실의 화려한 꽃만 보고 아름답다고
입방아 찧지 말라

진정한 아름다움은
인고의 아픔이 묻어난
묵정밭 깊숙한 곳에도 있다는 것을

겉만 보고 아름답다고 감탄하는
우를 범치 말고
내면의 아름다움을 볼 줄 아는
혜안을 가져라

맑은 마음 한 방울

노을 지는 호수에
맑은 마음 한 방울 떨어뜨려
저무는 햇살에 미소를 던진다

새악시 수줍은 볼에 복사꽃 피면
꽃잎에 내려앉은 하얀 이슬처럼
사랑이 구른다

그대의 따스한 손길로
빈 마음 어루만지면
사르르 눈을 감고 한 별을 만나
수정처럼 맑은 마음으로
하루를 엮는다

너의 속마음을

침묵하는 너
장고(長考)에 빠진 찌푸린 얼굴은
또 무엇을 의미하는가
풀리지 않는 마음속에 깔린
산적한 일상의 난제들
미완성의 내면의 벽
바닥 드러나는 지혜의 샘물에서
오는 괴리 때문일까
아니면 일확 스타덤을 꿈꾸는
너의 욕망 때문일까
어서 속 시원히 말을 해
너의 속마음을

내 이름 석 자

내 이름 석 자
평생 목에 걸고 살았다

예쁜 이름
기억하기 쉬운 이름
세상 빛낸 이름도 아니지만
평생 인연이 되어 만난 사람에게
어떤 모습으로 각인되었을까

베푼 만큼 기억되고
감동 준 만큼 잊히지 않겠지만
그렇지 못한 내 이름 석 자
평생 지고 가야 할 이름이라면

많은 사람에게 오래 기억되어
더욱더 사랑받고
보다 더 친숙한 이름으로 남았으면

웃으며 살자

수리산 바위틈 저 소나무
내 꼴 같아서야
마음 편한 날 없겠구나

아침에 피어 저녁에 지는 나팔꽃
윙윙 떠돌며 살다 가는 하루살이도
행복한 눈물 흘려보지도 못하고
짧은 원망 긴 그리움으로 남을 텐데
하물며 한 백년 살다 가는 인간이야
기쁨보다 슬픔이 끊이질 않겠지

삶과 죽음에 너무 연연치 말자
비록 오늘 살다 가는 한이 있더라도
독한 세파를 두려워하지 말고
혹독한 외로움 진한 아픔이 있다 해도
미련 없이 웃으며 살자
큰 소리로 웃으며 살자

거울에 비친 내 모습

바람이 분다
후덥지근한 바람이 분다
도시의 찌든 때 모두 싣고 와
끈적끈적한 몸에 더덕더덕 바른다
편치 않은 삶을 누더기로 꿰매려나 보다

도랑물이 흐른다
흙탕물 되어 흐른다
아가미 벌렁대며 숨쉬기 곤란한 물고기들이
웅덩이로 떠밀려와 빙빙 맴돌며
어지러움을 호소한다
맑은 샘물은 언제 흐를 거냐고

사랑이 흐른다
결 고운 바람 타고 사랑이 흐른다
평생 못다 한 사랑 가슴에 걸어놓고
저물녘 산 너울에 발만 동동 구른다
사랑하는 그 임은 왜 오지 않느냐고

매끄럽지 못한 삶에 얽매여
편치 않은 세상을 허덕이다 보니
어느새 노을이 가슴에 스민다
산 그림자가 드리운다

마지막 남은 열정을 다해
켜켜이 쌓인 이끼 낀 편린을 묻어버리고
맑은 마음 포근한 사랑으로
세월의 거울에 비친 내 모습을 본다

친구의 모습에서 서글픔을

아, 막역한 친구여
빛바랜 세월에 검은 머리 흰 머리 되어
듬성듬성 민둥산이 되었구나

그 싱싱한 얼굴 카랑카랑한 목소리는
어느새 깊은 주름살로 패여
헛기침 쉰 목소리가 웬 말인가
친구의 얼굴이 내 얼굴인데

넘치는 힘 패기도 잃은 채
옹이진 나이테를 두르고 앉아
반달처럼 휘인 등허리에 뒷짐 지고
팔자걸음 걸으며
자기주장에 옹고집을 놓치지 않고
낡은 하루를 엮는다

아, 매정한 세월아
앗아간 세월만큼 우정은 짙어 가는데
평생 늙지 않을 것 같던 그 친구도
어느새 일그러진 모습으로
노을빛이 가슴에 스며드는 안타까움이여

친구의 얼굴이 내 얼굴인데

그리움만 남기고

노을 젖은 기러기 떼
끼룩끼룩 북녘 하늘 날으면
정든 고향 그리운 친구 그리움만
스멀스멀 밀려오고

드넓은 바다 거친 파도 깨지는 소리
초록 별빛 춤추는 밤은
허한 마음 달래주지 못하는데

간약한 초승달은 가슴 채우지 못한 채
그대로 기울어
울음 토해내는 대금 소리에 젖는 눈물은
외로움이더라

아련한 그리움에 몸살하며
지새운 하룻밤 꿈은
겨울 찬바람만 휘감고 돌아
아린 꽃잎만 엷은 햇살에 지워져
저만치 간다

그리움만 남긴 채

나무를 사랑합시다

뙤약볕 목마름 참고
눈보라에 떨며 살아왔는데
무쇠팔 돌쇠는 틈만 나면 찾아와
팔다리를 꺾고 그것도 모자라
싹둑 잘라버립니다

그래도 화가 안 풀리면
담뱃불로 지져
몸통까지 태워버립니다

그렇게도 내가 미운가요
세상 살기가 정말 어렵네요
그래도 나는 살아야 합니다
왜냐고요?
바로 그대들을 위하여

내가 가는 길마다

내가 가는 길마다
토끼풀 민들레 망초꽃이 활짝 피어
하얀 미소로 반겨주며
찡그린 얼굴 펴라 하네

내가 가는 길마다
느티나무 벚나무 소나무가 숲 만들어
여름 한낮 뜨거움일랑 걱정하지 말고
가슴 활짝 펴고 시원하게 걸어가라 하네

내가 가는 길마다
까치 비둘기 참새가 아름다운 노래로
지친 마음 달래주며 가벼운 마음으로
콧노래 부르며 즐겁게 걸어가라 하네

가는 길마다 내밀한 그리움으로
꽃과 나무 새들이 함께하고
파란 하늘 눈부신 햇살이 밝혀주니
나는 이 세상에서 참 행복한 사람이다

거리의 방랑자

남자의 자존심을 버린 지 오래다

여름 한낮 뜨거운 열기에
긴 머리 늘어트리고
초라한 얼굴에 겨울 잠바 침구 한 장
덜렁 짊어진 채로
이 거리 저 거리를 힐긋거리는 방랑자
반겨줄 사람도 불러주는 사람도 없이
시선마저 차갑다

한때는 떵떵거리며 살았는데
그것도 한순간
어느 날 거리로 내몰려 배고프면 손 내밀고
해 저물면 그 자리에 누워 별을 벗 삼아
잠을 청하는 유랑자 신세
사랑 행복 삶도 지워버리고
삶의 끝자락에서
오늘도 내일도 절망의 길을 걷는다

인생

모두 떨어져
흔적을 지운다
사랑도
행복도
아름다운 이야기도

삶이 버거워 버둥대던 미련
희미한 기억에 남겨 덮어버리고
석류 알처럼 빨갛게 흘러내린
질퍽한 삶의 수레바퀴는
이름 석 자를 묻어버리며
어느덧 0시를 지나
하얀 밤을 달린다

속고 속이며 사는 세상

속고 속이고 사는 세상
알면서 속고
모르면서 속고
세상은 요지경

사랑에 속고
사랑에 울고
삶에 속고
삶에 울고
이래저래 속고 사는 세상
웃어야 하나 울어야 하나

그래도 한 가지
속고 속이며 사는 세상이지만
믿음 깨지면 배신감에 아픔 되고
진실만이 웃음 준다는 것을
넌지시 말해주마

침묵

새처럼 창공을 훨훨 날며
자유천지를 유희하고 싶다

독한 삶의 족쇄는
꿈틀거리는 숲의 미소를
눈부신 햇살을
시원한 바람을
꼼짝도 못하게 붙잡아놓고
꼭꼭 창문을 잠가버렸다

삶의 여정에서 만난 사람들
그리운 사람
사랑하는 사람
정다운 친구
형제자매 누구나 할 것 없이
오늘은 침묵으로 일관한다

삶의 굴레에 지친 모습들이
무겁게 흐르는 오늘아
살가운 가슴 활짝 열고
그 침묵이 웃음이 되었으면

내 젊음아

젊음아
내 젊음아
어디 갔다 이제 왔니

그 푸르던 날
춘삼월 호시절 접고
삶에 헉헉대며 가슴 아린 시간
그것이 내 젊음이었구나

나의 인생 나의 노래는
꿈틀대는 욕망으로
너의 파릇파릇한 젊음을 넘나들며
웃음꽃을 피우지만
시든 내 젊음은 널 지척에 두고도
먼발치서 바라볼 수밖에

사랑이 머무는 그곳에서
시간을 되돌려보려는 슬픈 사랑아
잃어버린 내 젊음아

이삿짐에 묻은 세월

반겨줄 사람도 없는데
스물네 번이나 이집 저집 기웃거려
이삿짐 옮기느라 얼룩진 세월을
어디서 보상받나

이사 때마다 흘린 눈물 한숨
동네마다 겪는 낯설음 외로움에 떨고
그때마다 줄어드는 허리띠에
행복이 무너지는 소리를 듣는다

이삿짐 보따리가
할퀴고 깨지고 훼손되는 모습을
언제까지 바라보며
가슴 아파해야 하는지

내 집 마련의 꿈은 아직도 아련한데
오늘도 낡은 이삿짐 짊어지고
삶의 가파른 오르막길을 기어오른다

허허한 인생이여

내 어이한담
늘찬 가슴 갈기갈기 찢어주어도
감당할 수 없으니

세상 태어나 아픔 없이 살다 가는 것이
행복 중의 행복인 것을
내 주변의 사람들
사랑하는 사람
다정한 친구들
게접스러운 모습으로 하나 둘
가을 단풍처럼 시들어 떨어지니 그악하다*

여기까지가 인간 한계란 말인가
고목에 꽃 피듯 기적을 바랄 수는 없을까
아, 허허한 인생이여
내 가슴 활짝 펼 날은 언제인가

(그악하다 : 사납고 모질다)

그 사람

어둠이 사랑 불러 뜨거운 밤
사랑은 저만치 머무는데
그 사람 얼굴은 오래도록
심장에 박혀 빠지지 않는다

복숭아 향에 물든
스쳐가는 하얀 그리움이
별들의 가슴으로 숨어들어
설풋한* 밤
깜빡깜빡 조는 저 가로등은
내 마음 알고 있겠지!

(설풋하다 : 기억 따위가 좀 흐린 듯하다)

관악산 산마루

관악산 산등성 딛고
정상에 올라서니
연주대 구름에 머무에라

연주암 목탁소리
산자락에 그윽한데
울긋불긋 중생들
산바람에 취했어라

오르락내리락
내딛는 발걸음은 땀에 젖고
오가는 사람들 정감이
산사(山寺)에 가득하여라

그대 생각

그대 생각에
낡은 일기장을 뒤적이면
깨알같이 써내려간 함께한 세월이
아름아름 다가옵니다

세월에 실어 보낸 그대 사랑이
되돌아올 리 없건만
모락모락 피어오른 그대 모습은
긴 여로 뒤로 미진(微塵)에 가려
점점 멀어져 가는데

세월에 덧없이 묻혀간
그날의 수줍은 미소가 거울에 비치면
그대는 내 인생에 꽃을 피우고
사늑한* 그리움으로 밀려옵니다

(사늑한 : 아득한 느낌이 있다)

한 잔 술에

한 잔 술에
외로움을 달랠 수 있다면
아무 말 없이
그냥 마시겠습니다

한 잔 술로
그대 가슴에
그리움을 채울 수 있다면
아무 말 없이 기꺼이 마시겠습니다

한 잔 술에
사랑의 고리가 된다면
비록 쓴잔이라도
마다하지 않고 그냥 마시겠습니다

오늘도 한 잔 술로
사랑에 취해서 여린 마음으로
원망과 그리움 사이에서
울고 웃습니다

희망

세상의 나목(裸木)이 푸름 되어
성큼 다가와 미소 짓는다

생명의 소중함을
가슴 깊이 잠재웠던
인식에 불 지피어
결코 어둡지 않은 푸름으로
환한 세상을 만든다

푸른 꿈이여
생로병사의 윤회(輪廻)가
새 생명을 잉태하고
내일의 꿈과 낭만이
푸른 초원에 가득하다

둘이 하나 되어

섬과 섬이 연결되어
하나가 되듯
손과 손을 맞잡아
따뜻한 이웃이 된다

세상은 둘이 하나로 거할 때
큰 힘 되듯
당신과 내가 함께할 때
두터운 믿음으로
따뜻한 마음이 된다

웃음 가득한 그날은

스산한 병원 접수대
사람들로 북적북적
세상 사람들 모두
웃고 사는 줄만 알았는데
울고 사는 사람들이 뜻밖에도 많구나

웃음 잃은 사람들이
마음껏 웃을 수 있는
빛살 고운 곳에서
가슴에 핀 꽃망울을 애마르며*
그대 입술 같은 꽃잎에
행복한 눈물 한번 실컷 흘리고 싶은
그날은 언제일까

초라한 내 모습이여

(애마르다 : 소중히 여기어 어루만지다)

이 작은 공간에

캄캄한 이 작은 공간
적막강산에 고독을 태운다

별들이 빤짝여도
달빛이 휘황찬란해도
네온불빛 현란해도
변한 것은 아무것도 없다

하늘이 무너지고 바다가 솟아도
놀랄 사람 없고
지쳐 쓰러지고 기뻐 날뛰어도
나무랄 사람은 아무도 없다

누가 이 작은 공간을 메워줄까
연기 자욱한 탑탑한 이 공간을
그대의 밝은 햇살 부드러운 손길로
깊은 외로움을 어루만져주었으면

3
그대와 나

그대의 넓은 가슴에
맑은 마음 한 방울 떨어뜨려
그대도 나와 같이
같은 생각
같은 마음
같은 행동으로
그대보다 나에게
진한 감동을 주어
마음의 호수에
어리었으면 좋겠다

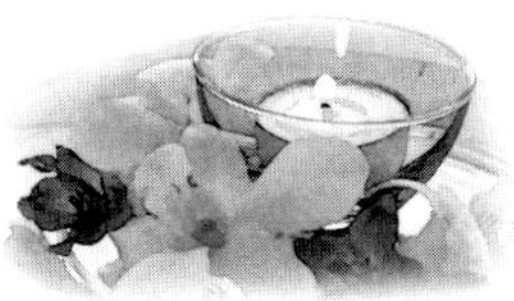

너의 곁으로

그대의 미소

나는 간다
그대 곁으로
바람 따라 그냥 간다

그대가 반겨주면
두 팔 벌려 얼싸안아
활짝 함박꽃을 피우고

그대가 못 본 체하면
뜨거운 햇볕 푸른 잎으로 가려
퍼질러 앉아
그대 미소 볼 때까지 기다리리라

그대가 고운 눈 주면
예쁜 미소 가슴에 담아
사나이 더운 정 쏟아놓고
사랑노래 목청껏 불러 손 흔들며
기쁜 마음으로 돌아오련다

그대의 미소
언제 언제까지나 그리면서

사랑 그리고 갈등

하늘 째지는 소리
가슴 무너지는 소리
그대의 사랑은 떠나고
흙탕물만 남았구나

깊은 샘 맑은 물은 여전히
그리움을 살랑살랑 흩어놓고
찔레꽃 향기에 취한 종달새는
하늘 높이 지저귀는데
꽁꽁 언 그대 사랑은
언제 나의 뜨락에 활짝 꽃을 피우나

눈물 먹은 사랑만이 참사랑이라면
사랑의 인내는 어디까지인가
밤송이에 찔린 내 마음
시름에 겨운 한숨 접고 언제 아물어
실한 열매를 맺어보나

너의 곁으로

풀빛처럼 반짝이는 너
아침이슬처럼
해맑은 눈동자

사랑한다는 너의 고운 목소리
그 한 마디 듣고 싶어
침묵으로 지켜온 날들

이제 더는 기다릴 수 없어
울음 빛 감추며
그냥 사랑하리라

살난스런* 마음 접고
벌 나비 되어
너의 꽃밭을 찾으리라

따뜻한 너의 곁으로

(살난스럽다 : 마음이 어지럽고 어수선하다)

사랑해요

사랑해요
오랜 침묵 깨고 던진
그 한 마디를
얼마나 기다린 줄 아세요

들으면 들을수록
천 번 만 번 들어도 싫지 않은
그 한 마디가 나를 얼마나
행복하게 하는 줄 아세요

바람에 실어 보내는
그런 말이 아닌
그대의 뜨거운 심장이 담긴 그 말이
내 곁에서 꽃을 피울 수 있도록
한 줌의 햇살로 보송보송 감싸
사랑으로 영글겠습니다

사랑해요 당신을 영원히

가까이 다가설 수 없는 먼 그대

그립다 그리워 할 수 없고
보고프다 부를 수 없는 그대는
노을빛에 젖은 먼 해변에
홀로 피어 있는 해당화

하늬바람에 실려 온
그대의 분향도
흰 구름이 전해준 사랑의 밀어도
가까이 할 수 없음에
그리움도 사랑도 모두 태운다

그래도
가까이 할 수 없는 그대를
잊을 수 없어
사무치게 바라볼 수 있도록
목이 긴 사슴이 된다

밤하늘 별이 된다

바람이 전하는 말

꽃잎이 떨어지고 차가운 바람 불면
그대 그리움이 물밀듯 밀려오는데
백리 길 고운 임은 하얀 국화꽃 피워
바람에 흔들리니

갈대숲에 숨긴 그대 사랑을
저 바람은 알고 있으련만
침묵으로 눈길 피하며 흔적을 지워
날개 없는 속마음만 시커멓게 탄다

안개 속에 가린 그대 사랑은
먼 훗날 언젠가
바람이 전해줄 말에 촉각 곤두세우며
오늘도 숨 막히는 그리움으로
속절없는 시간만 붙들고 한숨 쉬는데

내가 준 사랑만큼
그 긴 로맨스에 마침표로 얼룩지지 않게
내 사랑이 실망의 늪에 빠지지 않도록
가슴에 숭숭 뚫린 바람구멍을
훈훈한 바람으로 메워주었으면

사랑은 천연덕스럽게 얼굴을 내민다

너를 사랑할 수 있다면
사랑을 불태우리라

너를 이별할 수 있다면
슬픈 눈물 감추리라

너를 잊을 수 있다면
심장에 박힌 사랑의 언어를 지우리라

가슴 한 켠에 남은 뼈아픈 조각은
쇳물 녹이듯 애증으로 녹이고
그리움의 알갱이는
술에 타서 마시리라

사랑은 그렇게
몇 번의 열병을 앓고 나서
천연덕스럽게 얼굴을 내민다

그대와 나

우리 함께 살아가는 동안
먹구름보다
파란 하늘이 많았으면 좋겠다

세상의 역겨운 욕심 아집 버리고
하얀 목화송이처럼 순수함으로
같은 생각
같은 마음
같은 행동으로
나보다 그대에게 감동을 주는
그런 날이 많았으면 좋겠다

그대의 넓은 가슴에
맑은 마음 한 방울 떨어뜨려
그대도 나와 같이
같은 생각
같은 마음
같은 행동으로
그대보다 나에게 진한 감동을 주어
마음의 호수에 어리었으면 좋겠다

그대 바라보며 함께 걸어가는 동안
더 굵은 마음으로
함빡 웃음꽃을 피워
살가운 사랑의 언어들을
나눌 수 있었으면 좋겠다

내 슬픈 사랑아

그렇다면
말하지 않겠다 잊어버린 시간을

그렇다면
말하지 않겠다 잊어버린 나를

너에 대한 연민의 정은 쌓여 가는데
무관심한 너의 마음
뼛속까지 사무치겠지

그렇다면
말하지 않겠다 내 슬픈 사랑아

미련 없이 가거라
내 사랑하는 사람아
뒤돌아보며 울지 말고
널 좋아하는 사람 곁으로 웃으며 가거라

너에 대한 그리움일랑
나 혼자 삭이며 지워갈 테니

엄마 생각

젖가슴
젖가슴
탐스런 젖가슴
내 어릴 적 즐겨 먹던
어머니 젖가슴

세월을 거슬러 올라갈 수 있다면
어머니 품에 안겨
그리운 젖가슴에 얼굴 묻고
듬뿍 사랑받고 싶은 날
내 유년시절의 그리움이여

당신의 가슴처럼

푸른 바다가 그리운
하얀 백사장의 소라껍데기가 부르고
연인들의 노랫소리가 들리는
그 파란 바다가
당신 가슴이었으면 좋겠습니다

수천 년 밀려왔다 밀려가는 바닷물에
씻기고 닳은 조각돌이 몽돌 되듯
비바람 눈보라 억센 세월에 깎이고 닳은
당신과 나
당신의 가슴처럼 따뜻했으면 좋겠습니다

파란 하늘
푸른 바다
무수히 흐른 세월에 녹은 사랑은
당신의 가슴에 곰삭아
영원한 불꽃으로 활활 타는
감동하는 날이 많았으면 좋겠습니다

모난 사랑 둥글둥글
당신과 내가 한마음 되는
그런 날이 많았으면 좋겠습니다

오직 너만을 그리며

환각에 시달렸던 날들
인생 간이역에서 스친 사람 중
오직 너만을 붙들고 소식을 묻는다

희미해진 기억 더듬어
그려보는 너의 얼굴
가시지 않은 사랑 붙들고
잃어버린 웃음 찾을 수 있도록
못다 한 이야기를 나누고 싶다

커피 향이 묻어나는 그리움이
이슥한 밤
어스름 달빛이 서산으로 기울 때까지
널 만날 수 없었던 감당하기 벅찬
그리움이 별빛 타고 흐르는데
어디선가 너를 꼭 만나
사랑한다는 이 말을 꼭 전하고 싶다

사랑의 미로

이 작은 공간 속에
침묵은 전설처럼 흐르고
웅덩이에 드리운 반달에서
어설픈 추억을 끄집어낸다

그대 부드러운 장미꽃에서 황홀함을
그대 입술 같은 꽃잎에서 달콤함이
어스름하게 스쳐가는 우리 이야기는
불나방 되어
사랑의 미로 속을 헤매는데

저 하늘 한 별은 긴 꼬리 그리며
어디로 흘러가나
아 사랑이여 그대여

미소 하나 그리움

부엉이 우는 밤 뜬눈으로 뒤척이며
이 생각 저 생각
보일 듯 말듯 환청에 시달리며
하얀 아침 햇살을 맞습니다

늘 그 자리를 지키는 미쁘신 당신
지독한 병에 발목 잡혀 야윈 모습을
가까이서 지켜보며
마음속으로 울음바다 이루지만
당신 앞에서 굵은 눈물 보이지 않으려고
무던히도 애를 써봅니다

함께한 시간에 강산이 수십 번 변했어도
아직은 걸어가야 할 길이 먼 당신과 나
저며오는 시린 생채기가
발걸음을 무겁게만 합니다

그러나 당신의 미소 하나가
풀꽃처럼 상큼한 향기 되어
깊어가는 아픈 상처를 어루만져주면
성성한 날들의 추억 속 그리움에 젖습니다

그대 웃음 언제나

잊으셨나요, 나를
불러도 대답 없는 그대는
먼 산 메아리 되어 흩어지고
속절없는 뻐꾸기만 애간장을 태웁니다

속상했나요, 그대는
복사꽃 고운 얼굴에 해맑은 미소
아직도 가슴은 두근거리는데
마음의 문 걸고 안개비를 뿌리려 합니까

사랑이 식었나요, 그대는
임 찾아 헤매던 그 긴 격정의 갈증을
어이 잊으려고 단검을 빼어 들었나요
사랑의 아픔을 어찌 감당하려고

잊지도 속상해하지도 마세요
그냥 사랑을 뜨겁게 지피세요
내 사랑 늘 그대 곁에 있잖아요

한번 얽은 사랑 이해와 배려로
결 고운 다이아몬드로 다듬어가요
그대의 웃음 언제나 볼 수 있도록

봉숭아 사랑

봉숭아 빨갛게 물들이던 그 밤
호수에 빠진 달빛도 휘황찬란했었지

별빛 타고 흐르는 그리움에
그 호숫가 못 잊어 서성이면
그대는 보이지 않고
애꿎은 그림자만 너울거린다

붉은 봉숭아 꽃잎으로
열 손가락 곱게 물들인 손톱을
수줍게 내보이던 그대여

달빛 젖은 코스모스
달콤한 입맞춤에
황홀한 그 밤이 그리워라

호반의 사랑

저녁노을 호수에 붉게 물들면
청둥오리 한 쌍 황홀한 군무 펼쳐
사위에 몰려든 사람들을 탄성케 한다

호숫가 언덕 위 통나무집
연인들끼리 마주앉아
도란도란 기울이는 술잔마다
설핏한 석양으로 가득 담아
사랑에 취하고 음악에 취한다

깊어가는 가을밤
호수에 빠진 별을 건지며
어젯밤 본 상현달이 고운 단풍에 내려
사랑을 적시면
바람결에 흔들리는 갈대숲은
연인들의 숨소리로 뜨겁다

그 아픈 상처의 치유를

허겁지겁 돌아온 그날
가슴 저린 앙금을 어떻게 달래나요

땀방울로 흠뻑 적신 사랑이
그렇게 차가워진 것은 식어서가 아니라
가슴 저미는 아픔 때문이겠지요

기력 잃어가는 그대 목소리
바람 되어 창문 두드리고
은하별에 숨긴 사랑 빛바래 가는데

다시 돌아와 힘차게 시작해요
지금도 늦지 않아요
가시밭길 불볕 사막
높은 산 깊은 바다면 어때요
우리 함께라면 두려울 것 없어요
뜨거운 사랑이 있잖아요

그대의 엷은 미소 요동치는 심장이 있는 한
우리 자신 있게 해낼 수 있어요
희망이 있어요
그 아픈 상처의 치유를

내 사랑아

여름 더위에 녹은 사랑
가을바람에 지친 사랑
훨훨 날아 어디로 가나
내 사랑아

구름아 바람아
임 없는 고갯마루
혼자 넘는 외로움은
뜨거운 눈물로 얼룩지는데

내 사랑은 흔적도 없이 사라져
주체할 수 없는 허전한 발길로
이 거리 저 거리 헤매며
슬픈 추억을 줍는다

백 일을 하루같이
함초롬히 핀 백일홍이여
내 외로움 묻어둘
빨간 꽃잎을 흩날리지 마라

어찌 이런 일이

사랑하는 임이시여
어찌 이런 일이 있을 수 있나요

가슴 졸이며 설마 했는데
악성 근종으로 판명되던 그날
2007년 7월 4일 세상은 어둠으로
내 삶은 모두 무너졌습니다

기억조차 하기 싫은 그 무덤덤한 시간
벗어날 수 없는 불행의 늪에서
매몰차게 벼랑 끝으로 내몰린 허탈감에
영혼마저 눈감은 초라한 내 모습이여

돌아오는 것은 시름에 겨운 한숨뿐
피를 토하며 굵은 눈물만 흘리는데
언제 밝은 그대를 바라보며
잃어버린 웃음 다시 찾을 수 있나요

그대의 눈물

그대의 눈물
이렇게 뜨거울 줄 몰랐습니다
그대의 눈물
이렇게 아픔 될 줄 몰랐습니다

그대가 흘린 눈물
꽃잎마다 이슬로 맺히고
가슴 깊이 간직한 아린 이야기는
홀씨 되어 흩날립니다

백합 향기 그윽한 그대 미소도
하얗게 주고 간 그대 마음도
바람결에 쓰러지는 갈대처럼
내 사랑 머물 곳이 없습니다

빗방울에 얼룩진 사랑의 자리에
한 마리 서러운 나비 되어도
향기 잃은 꽃잎은 하얗게
시 붉은 눈물만 흘리며 떨어져
볼썽사납게 휘날립니다

장미꽃 그대를 사랑합니다

나는 장미꽃 같은
그대를 사랑합니다

그대가 그리울 때는 장미꽃 곁에서
홍조 띤 얼굴 그윽한 향기에 취해
맑은 눈동자 시리도록 바라보며
탐스런 입술에 뜨거운 입맞춤을 합니다

먼 길 떠난 그대가 보고플 때면
장미꽃 속으로 빠져들어
비단결 같은 마음에 얼굴 파묻고
백로처럼 하얀 사랑이야기를 풀어놓습니다

침묵 속에 지켜온 사랑
부르다 부르다 지쳐버리면
장미꽃 한 송이 꺾어 사랑을 화인(火印)하고
그리움을 삭입니다

언제 언제까지나

여자의 행복과 불행

그대여
당신은 어찌 나를 선택했나요
수많은 별 중 내가 그렇게도 빤짝거렸나요

한 번 선택한 여자의 행복과 불행은
남자에 의해 평생 좌우된다는데
그 마음 지금도 유효한가요

사랑보다 모진 삶에
행복을 내려놓지 못하고
도랑물소리 골짜기 등치듯
맴돌기만 했던 지난 세월이
그렇게도 한이 되었나요
당신의 가슴속을 시커멓게 태웠으니

모두가 내 탓입니다
당신은 순박하게 살아온 죄밖에 없습니다
슬퍼하거나 눈물 보이지 마세요
이제부터는 모두 내가 대신할게요

당신의 가는 길에 두 번 다시
어두운 그림자가 드리우지 않게 할게요
사랑합니다 당신을

내 진정 사랑할 수 없다면

하얀 별 끌어안고 긴 밤을
희미한 가로등에 외로움 걸어놓고
달그림자 밟는 저 여인에
겸연쩍게 마음 적신다

사랑이 무엇일까
달콤할까 씁쓸할까
멋모를 사랑에 빠져 가슴앓이하던
그 시절 아픔을 다시 떠올리기도 거북하다

사랑의 속성도 모르는 채
사랑한 내가 잘못이지 누구를 탓하랴
사랑이 허전하면 산새 울음으로 채우고
어스름 달빛 사득다리* 타고 흐르는
산사의 풍경소리에 눈물 적신다

은하수 저 멀리 초록 별 속에
내 사랑이 진정 없다면
사나이 더운 정 쏟아버리고
별똥별 되어 영원히 사라지련다

(사득다리 : 삭은 나뭇가지)

불타는 내 마음에

해는 중천을 지나
서산으로 기우는데
여윈 임 아리어 어이한담
나팔꽃처럼

복사꽃 아름다운 꽃봉오리
몽올몽올 맺히던 그날
후덕한 마음 순백한 사랑은
아직도 실핏줄 타고
도도히 흐르는데

임이시여
서럽고 아픈 마디마다
그날 그 싱싱한 백합처럼
그윽한 향기로 흠뻑 뿌려주소서

사랑 그 아픔을

슬피 우는 건 너뿐이 아니야
슬피 우는 건 나도 마찬가지야
사랑 그 아픔을

어찌 잊을 수 있으랴
아직도 참을 수 없는 이 슬픔을
어찌 지울 수 있으랴
사랑의 깊은 상처를

미움보다 진한 눈물
강여울에 띄워 보내
쓰린 마음 훔쳐낸다
사랑은 그렇게 아픈 거라고

우리 사랑 좋은 날에

얼마나 기다렸던가
우리 사랑 좋은 날을

꽃 피고 지기를 몇 해
별들이 숨바꼭질하기를 몇 밤
우린 오직 한 길
사랑의 길만을 걸었습니다

그대 사랑 내 사랑
팽팽한 고무줄에 묶이어
당겼다 늦추기를 몇 만 번
그대의 큐피드 화살이 내 심장에 꽂히던 날
사랑은 풍선처럼 날아 하늘을 덮었습니다

우리 사랑 무르익던 날
그대와 나 씨줄과 날줄로 살그래 엮어
청잣빛 하늘에 환희의 날개를 펼칩니다

슬픈 미소

물밀듯이 밀려오는 그리움이랑
파란 하늘 흰 구름에 흘려보내고
가슴 깊은 곳에 머물러 있는
뜨거운 사랑일랑
낙엽에 실어 보내렵니다

내 마음 빼앗는 당신은
사랑의 시로 엮어
꽉 막힌 숨통을 트이게 하고
보고 싶은 당신은
가을밤 둥근 달에 그려 넣어
밤하늘에 걸어 놓으렵니다

추억이 별처럼 반짝이면
재 너머 불어오는 갈색 바람에
씻어버리고
가을빛에 외로움이 엄습해오면
망각의 속으로 도피하여
슬픈 미소를 띠렵니다

하나뿐인 그대

눈이 있다 한들 무엇을 볼 것이며
귀가 있다 한들 무엇을 들으며
코가 있다 한들 무슨 향기를 맡을 것이며
입이 있다 한들 무슨 말을 하리오

고왔던 당신은 시든 꽃잎 되어
바람에 흩날리는데
아름다운 진주를 준다 한들
눈코 귀 입이 있다 하여
내게 무슨 소용 있으리

하늘이여 무심도 하지
속절없이 이지러지는 아픔을
사랑으로 감싸
보고 듣고 말하고 향기를 느낄 수 있도록
그 사람 살펴주소서

4
아름다운 우리 가족

뜨겁고 뭉클하다
사랑으로 엮은 우리 가족
은하별 넘치는 웃음으로
티 없이 밝은 빛으로
행복을 가꾼다

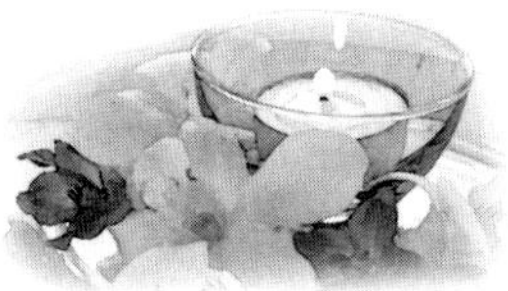

너의 곁으로

삶의 여로

초록빛
푸른 물결
밝은 햇살을
얼마나 기다렸던가

어둠의 긴 터널에 갇히어
좌충우돌
좌절의 아픔에 몸서리치다
빠져나온 삶의 긴 터널
하늘빛도 찬연하다

긴 아픔 뒤에 찾은 이 길에
웃음 가득한 꽃을 피워
찬란한 내일을 만들리라
더 굵은 마음으로 주름 없는
날을 만들리라

하얀 연꽃

그대는 하얀 연꽃
불심 담아 세상을 밝힌다

탐스런 하얀 꽃잎은
하늘보다 맑고
꽃잎에 담은 마음
바다보다 깊어라

그대는 내 사랑
연못에 피운 꽃망울
천 년 순결한 사랑으로
비단결 고운 마음으로
온 누리에 펼쳐라

그대는 새하얀 연꽃
순박한 마음 청순한 여인
가슴으로 부르는 이름이여
영원한 사랑으로 꽃피워라

독백

종교에 문외한인 내가
큰마음 먹고 기독교에 입문한다
세례라 생각하니 두렵기만 한데
왜 그럴까, 전에는 그렇지 않았는데

세상에 태어나 얼마나 많은 죄를 짓고
잘못을 저질러 비틀어진 삶을 살았을까
모두 두렵고 궁금하다

살아오는 동안
나름대로 밝고 정의롭게 살았다고 믿지만
때로는 삶이 나를 속이고
주변들이 나를 흩트려 놓았으니
백로처럼 깨끗할 수는 없겠지

더럽혀진 마음 깨끗이 씻을 수 없겠지만
자신을 성찰(省察)하고 질곡(桎梏)의 삶을
믿음 하나로 바로잡을 수 있다면
빛과 사랑으로 가득 채워주겠지
무거운 마음 비워 새 삶을 열며
새로움에 취한다

까치가 울면

이른 아침 까치가 창문에서
시끄럽게 운다
좋은 소식일까
나쁜 소식일까

깍 깍 쩡쩡한 소리 들으니
임 소식 전하는 것 같고
까악까악 쉰 소리 들으니
친구의 아픈 소식 같은데

온종일 가슴 두근거리며
기린 목 되어도 소식이 없네
에라 허접스러운 날이여
내가 까치 되어 알아보련다

아름다운 우리 가족

뜨겁고 뭉클하다
사랑으로 엮은 우리 가족
은하별 넘치는 웃음으로
티 없이 밝은 빛으로 행복을 가꾼다

믿음 사랑을 저변에 깔아
밝고 넉넉한 마음으로
서러운 아픔을 네 탓으로 돌리지 않고
스스로 해결함을 감사하며
사늑한* 가정을 위해
각자의 자리를 살찌운다

찬란한 태양에 한 점 부끄럼 없이
천사의 미소에 얼굴 붉힘 없이
영롱한 무지갯빛으로
새록새록 꿈을 키우며
초록빛 세상에 웃음꽃을 피운다

(사늑하다 : 아늑한 느낌이 있다)

이 웃음의 행복

백일 된 아기의 웃음
해맑은 이 웃음을
온종일 오롯하게* 보고 또 본다

이 세상 웃음 중
이보다 더 신선하고
행복한 웃음이 있을까

티 없이 맑고 밝은 표정
부끄럽지 않은 마음
하늘의 별보다 더 반짝이는
눈동자에서 빛는 천사의 웃음
그 순박한 웃음이야말로
웃음 중의 으뜸이다

혼자 보기엔 너무 아까운 이 웃음을
세상 사람에게 고루 나누어주어
아기처럼 꾸밈없이
생활의 비타민 되어
늘 웃고 사는 날이 많았으면

(오롯하다 : 모자람이 없이 완전하다)

삶의 버팀목

기름때 묻은 세월 한 겹 두 겹 벗기면
여인의 하얀 젖가슴처럼 속살 드러나겠지

시간 속 굴곡의 빈 곳간에
켜켜이 쌓아둔 양식은 삶의 지혜가 되고
때 묻지 않은 양심은
아린 가슴을 달래주는 버팀목이 되었다

살을 저미는 칼바람
강렬한 저녁노을에도 주눅이 들지 않고
곧게 서 있을 수 있는 것은
가족이란 울타리 안에
차돌처럼 단단한 사랑이
내 영혼 속에 마르지 않는 풋풋한 얼이
살아 숨쉬기 때문이다

바다의 향연

서산 앞바다 뻐꾸기
떠나는 배 붙들고 뻐꾹뻐꾹
곁눈질하던 게들도 서둘러 떠난다

비릿한 바닷물에 고기 낚는 저 늙은이
조개들 이야기 들으며
당기는 낚싯줄에 짜릿한 미소 지으면
금빛 너울 호리포구*로 고깃배 몰려든다

사위가 어스름하면
갯바위에 부딪히는 하얀 파도소리
외로운 전등이 깜빡깜빡 졸고
긴 바다 너울이 마침표를 찍으며
숨죽인 고요가 그리움 속으로 잠긴다

별빛도 고즈넉한 밤
바닷가 언덕 위의 하얀 집에
정든 사람 도란도란 이야기꽃 필 때면
별똥별 하나 긴 꼬리 그리며
먼 바다 속으로 빠진다

(호리포구 : 서산 앞바다의 아름다운 포구)

이런 날에는

이렇게 무거운 날에는
갈대가 되고 싶다
욕망 갈등 오만 미련 모두
바람에 떨쳐버리게

이렇게 그리운 날에는
벌 나비가 되고 싶다
연분홍빛 그대 가슴에 날아가
뜨거운 사랑 내려놓게

이렇게 외로운 날에는
갈매기가 되고 싶다
쓸쓸하고 답답한 마음 미련 없이
드넓은 바다에 던져 버리게

이렇게 어두운 날에는
반딧불이 되고 싶다
근심 걱정에 환한 빛 되어
희망의 등대가 되게

살난스런 내 마음
붙잡아줄 사람은 없을까
이렇게 답답한 날에는

쌍둥이 탄생하던 날

정씨 가에 유례없는 쌍둥이로
황금돼지띠 두르고 온 너희
그 자랑스러움에
기쁨 두 배 웃음도 두 배
평생 마음 놓고 크게 한번 웃어본다

엄마 뱃속에서 둥이 둥둥이로 불리며
두 손 꼭 잡고 예쁘게 자라다
정해년 11월 5일(음 9월 26일)
축복 속에 세상 빛 보던 날
첫아이 08시 25분 2.58kg 46cm
둘째아이 08시 26분 2.16kg 45cm
이 세상에 첫 기록을 남긴다

세상에서 가장 예쁘고 귀여운 너희
첫째는 곱살스러운 순둥이로 믿음직스럽고
둘째는 작지만 또랑또랑 영리해 보이는
첫인상이 긴 여운으로 남긴다

귀여운 쌍둥이여
늘 한 몸 한마음으로 사랑하며

인내와 지혜를 배워 정의롭고 튼튼히 자라
정씨 가의 큰 대들보가 되어주렴
너희 곁에는 사랑하는 엄마 아빠가 있고
할아버지 할머니가 지켜본단다

엄마 품이 그리울 때

엄마 품이 한없이 그리운
육 개월도 채 안 된 여린 손녀가
낯선 어린이집을 들락거리며
지독한 삶에 시달린다

맞벌이 부부의 애환이
그대로 너희에게 전가되어
행여 어린 마음에 상처를 주지 않을까
걱정 또 걱정
가슴 시린 마음 한량없구나

사랑하는 아가들아
힘들더라도 밝은 웃음 잃지 말고
참고 견디어 잘 자라다오
언젠가 웃음꽃을 활짝 피울 날 있으리라

이것이 인생이란다

가정의 달에

왜 이리도 허전할까
왜 이리도 울적할까
가정의 달 5월이

훌쩍 자란 아이들은
부나비 되어 어미 곁을 떠나고
사랑하는 어버이는
북망산 멀다 않고 서둘러 가셨으니
남는 것은 나 홀로
독한 설움 복받쳐 외로움만 삭인다

빨간 카네이션에 자식 생각
하얀 카네이션에 부모 생각
그리움은 눈송이처럼 부푸는데

차라리 가정의 달 5월에
어버이날이 없었으면
이렇게 외롭지 않았을 텐데

빌딩 숲의 하루

여기도 빌딩 저기도 빌딩
도시는 온통 빌딩 숲에 갇혀
하루를 연다

끼룩끼룩 비둘기 소리에 창문 열면
아침 햇살 눈부시게 창문에 어리고
깍 깍 까치 한 마리 기쁜 소식 전하며
빌딩 숲으로 사라진다

임이 오시려나
그 환한 얼굴을 볼 수 있으려나
온종일 들뜬 기분으로 기다려보지만
허허한 마음뿐
끝내오지 않는 임을 무덤덤한 빌딩 숲에
그리움으로 재운다

어느 지루한 빌딩 숲의 하루여
벗어날 수만 있다면
눈물샘 막히고 숨 막히는 이곳을
미련 없이 탈출하고 싶다

사랑하는 아기야

방긋 웃는 너희 얼굴에서
백 년 함박꽃을 보고
백합보다 더 맑은
하얀 마음에서
천 년 행복을 주워 담는다

보랏빛 세상에
하루하루 달라져가는
밝고 맑은 웃음
부푼 기대와 희열로
웃음꽃을 피운다

사랑하는 아가야
오늘도 너희 재롱에
세상을 다 얻은 것 같은
벅찬 기쁨에
하늘의 별이 된다

40년 이야기

청명한 가을 그날
백합꽃 같은 당신을 만나
백 년 언약으로 달려온 40년

굽이진 세월 결코 순탄치 않은 삶의 길을
순수와 양심 잃지 않고 꿈과 사랑 가꾸어
장미 두 송이 곱게 피워 새처럼 날려 보내고
당신과 나 달랑 둘이 남아 고운 단풍 되어
40년 뒤안길을 걸어봅니다

푸른 꿈과 젊음으로 겁 없던 시절
산 넘고 물 건너 돌부리 채이며
낯선 둥지 찾아 헤매던 몇 십 년
풀포기마다 땀방울 적셔 심한 한숨 몰아쉬며
배고픈 설움 길 잃은 설움 질곡의 세월 따라
감당하기 너무나 어려웠지만
삶의 길목마다 시련과 역경을 슬기롭게 벗어나
뜨거운 사랑으로 새순처럼 돋아나는
아이들 모습에서 희망을 찾았지요

한때의 좌절 아픔보다 더 서러운 것은 지친 당신의 모습
시들어가는 당신을 가슴 아프게 바라보면서
말할 수 없는 슬픔 억누르며 살아온 망각의 세월을
혼자 감당하기에는 너무나 힘들었습니다

어떻게 살아온 날들인데
소리 한번 지르지도 못하고 등허리 휘어 살아온 날들이
하루아침에 몰아닥친 청천벽력 같은 지독한 생채기가
우리의 마지막 가는 길마저 서럽게 붙잡았습니다

여보 아프지 마세요
여보 건강히 오래오래 살아요
지겹게 살은 그날들이 너무 억울하지 않아요
살아온 날보다 앞으로 살날들이 턱없이 짧지만
40년 인고의 세월에서 벗어나
웃음 한번 크게 웃고 가야 하지 않겠어요
가을 그날, 찬란한 그 빛이 살아 있는 한

하소연

꽉 막힌 혈관 터질 것 같은 실핏줄
답답한 가슴 어디에 하소연 하나

바람이 자고 간 자리에 뿌린 씨앗은
메말라 끝내 고사하고
단칼에 베지 못한 썩은 살점은
조비이랑 되어 번져가는데

어제보다 오늘이 더 아픈
시들어가는 꽃을 바라보며
울다 울다 지쳐버린
터질 것 같은 가슴이여

하늘이여 그 형통한 신통력으로
아픈 상처 말끔히 씻어
턱없이 야윈 우리 임을 사랑으로 만져주소서

첫돌 날에

파란 하늘에 국화 향기 그윽한
산과 들 곱게 물드는 가을 그날
귀여운 쌍둥이의 첫돌
축하 팡파르의 함성도 하늘에 쩡쩡하다

일년 내 무탈하게 자라준
예쁜 쌍둥이 공주들
해맑은 웃음은 한 가정에
든든함 넉넉함 포근함을 가득 채운다

돌상 앞에 놓고
마릴린 먼로보다 더 호탕한 한비의 웃음
양귀비보다 더 고운 다비의 미소
눈에 넣어도 아프지 않은
이 천진한 귀여운 모습들

바라만 보아도 그냥 좋은 쌍둥이여
지금처럼 희망과 사랑 잃지 않고
정답게 손잡고 큰 걸음으로
한 세상을 풍미해보라

수리산 품에 안겨

수리산* 꼭대기 늘 푸른 저 소나무
백로는 간데없고 흰 구름만 머무는구나

깊은 계곡 이끼 낀 옹달샘에
고라니 산토끼 다람쥐 모여들어
빨간 산딸기 설익은 개암 따 먹으며
나리꽃 노루귀꽃 향기에 취해 있노라면
어디선가 갸름한 독사가 나와 혀를 날름댄다

산은 억겁의 세월 흘러도 말이 없고
늘 그 모습인데
숲속의 크고 작은 식물들은
태양을 향해 꿈틀대며 사랑싸움이 한창이다

산이 좋아 산을 찾는 사람아
도시의 혼탁한 열기 뒤로하고
솔향기 풍기는 수리산의 넉넉한 품에 안겨
산사의 그윽한 풍경소리에 젖어보자

(수리산 : 산본에 있는 아름다운 산)

슬픈 눈물은 강물에 흘려보내자

아가 울지 말라
슬픈 눈물은 강물에 흘려보내자
네가 아파하면 내 맘도 아프고
널 바라보는 눈시울도 붉다

생명의 비밀에 가린 벅찬 만남이
이별 될 줄이야
한울타리 내에 웃음꽃이 꺾인
그 짧은 만남의 생채기를 어이 감당하리
승천하는 피지 못한 꽃 한 송이
인연이 아니었나 보다

사랑하는 아가
사랑 듬뿍 담은 고운 꿈은
떨어지는 낙엽에 실어 보내고
가을 햇살처럼 눈부시게
슬픔 없는 새날을 만들어 가자

네 앙가슴에 새하얀 백합꽃 두 송이가
오늘따라 유난히 예쁘구나
모두 사랑한다

카사블랑카여, 안녕

가도 가도 끝없는 대륙 아프리카의 모로코
광활한 평야를 통째로 삼킨 지평선
그 지평선에 매료되어 넋을 잃는다

시원스런 고속도로 양옆에는
한가히 달리는 차량 대열의 열기를 식히듯
올리브, 유칼립투스, 고무나무들로 무성한데

작열하는 태양 아래 검게 탄 얼굴들
당나귀에 의존하여 땅을 일구어보지만
소, 말, 양떼들은 늘 배고프단다

꿈의 젖줄인 아름다운 카사블랑카*여
그 옛날의 영광이 고스란히 남은 골목에서
진한 사람 냄새 맡으며
육백 년 전 삶의 모습으로 회귀한다

아름답고 드넓은 나라 모로코
땅은 넓지만 사람, 기술, 자본이 부족하니
카사블랑카의 영광을 언제나 찾을 수 있을까

아! 아름다운 카사블랑카여

(카사블랑카 : 모로코 최대의 도시)

천의 얼굴

갑바도기아*야 내가 왔다
울고 왔다 웃고 가는 이곳
너의 아름다운 풍광에 매료되어
바람도 쉬엄쉬엄 구름도 머물다 가누나

너의 기괴한 풍상은
수천 년 전 화산의 노여움이
바다를 육지로 만든 기암절벽들
생매장된 조상의 얼이 후광을 베푸는구나

용암이 비바람에 깎이고 세월에 날려
다듬어진 천의 얼굴들
신의 손으로 빚은 비밀을
핫산의 만년설은 알고 있겠지

(갑바도기아 : 터키 중동부의 뛰어난 자연경관)

계수나무 숲으로

계림*의 삼수갑산아
이강이 어드메뇨
관암 동굴이 어드메뇨
계수나무 푸른 숲에 역사는 흘러간다

이강의 푸른 물에 배 띄워
굽이굽이 계곡을 물결치면
우뚝 솟은 삼만 팔천 봉우리가
천의 웃음 짓고
뗏목 띄워 고기 낚는 어부들의
흥겨운 노랫소리가 산울림 되어
심금을 울리는데

관암 동굴 흐르는 물에 노 저어
태초의 비밀 속으로 들어가면
현대문명의 후광에 깜짝 놀라
잽싸게 모노레일에 태워
세상 밖으로 내모는구나

(계림: 중국 남쪽에 있는 경관이 아름다운 곳)

미련 때문에

보랏빛 하늘
잿빛 도시의 얼굴들
거리마다 넘치는 사람 사람들
뿌연 먼지로 덮어버렸다

사랑이 떠난 자리엔 눈물로 얼룩지고
마지막 남은 정마저 옹골차게
단칼로 베지 못하고
겨울 찬바람에 몸과 마음을 맡긴다

미련을 두지 말았어야 하는데
마지막 남은 자존심을 버려야 하는데
마음 약한 정 때문에
가버린 사랑 붙들고 부르는 연가가
나를 더욱 힘들게 한다

빨간 양말

임의 정성 듬뿍 담긴 빨간 양말
어머니 품처럼
백 리 천릿길 걷고 걸어도
포근하고 따뜻하다

한 걸음 한 걸음 옮길 때마다
임의 마음 묻어나고
힘들고 지칠 때마다
새록새록 힘이 솟는다

날마다 새로워지는 임의 마음
큰 사랑의 보금자리
그 지고지순(至高至純)한 사랑은
영원히 뜨거우리라

하얀 기도

엄숙하고 장엄함
고요하고 정숙함
참을 기리며
오늘도 무탈하게 살아 있음에
감사한다

믿음과 소망으로 하루를 열고
나만의 이 작은 공간에서
응어리진 마음에 촛불 밝혀
죄와 욕망을 삭이고
마음을 정죄(淨罪)하여
평온한 마음으로 촉촉이
하얀 기도를 드린다

염원

웃음 가득한 사람
웃음 잃어가는 사람
빛이 가득한 사람
빛을 잃어가는 사람
세상은 음과 양
빛과 그림자로
삶의 조화를 이룬다지만

어두운 그림자를 나뭇가지에 걸어놓고
퍼질러 앉아
언제 올지도 모르는 빛살 기다리는
가녀린 임의 가슴에
웃음꽃이 활짝 피었으면
밝은 햇살이 가득했으면